Rafik Schami
Mehrdad Zaeri

Der verliebte Teufel

Wie die Liebe einen kleinen Teufel
engelhaft machte

editionchrismon

Vor langer, langer Zeit, bevor unsere Großeltern Kinder waren, da sah die Hölle wie eine heruntergekommene Küche aus, mit verdreckten schwitzenden Teufeln und rußigen großen Kesseln, in denen die Menschen gekocht und frittiert wurden, als wären sie Rinderhaxen oder Pommes frites.

Aber die Zeit verändert alles, auch die Hölle. Die Teufel erkannten, dass die Menschen es sich nach einer gewissen Zeit in den Töpfen gemütlich machten, dass sie sich an die Hitze gewöhnten und sich über die erschöpften und schmutzigen Teufel amüsierten.

„In der Hölle geht es nur den Teufeln schlecht", sagten sich viele Teufel und überlegten lange, bis sie herausfanden, was den Menschen auf Dauer noch mehr als Feuer und Peitschen wehtut: ihnen das Gegenteil ihrer Wünsche erfüllen. Von da an hing ein Schild über dem Eingang der Hölle, auf dem in leuchtenden Buchstaben stand:

Es lebe das Gegenteil!

Will einer Kälte, wird er in heiße stickige Räume gesteckt, will ein anderer Ruhe, dröhnen ihm die Ohren vor Lärm,

liebt einer Geselligkeit, wird er einsam in
gläserne Boxen gesperrt, hat einer den innigen
Wunsch, jemandem etwas zu erzählen, hört
ihm keiner zu, und will wieder ein anderer
nichts hören, wird sein Gehör auf einmal so
fein, dass er jeden Atemzug hinter den dicks-
ten Mauern hört und von all den Geräuschen
bald verrückt wird. Die Teufel hingegen
führten, seitdem in der Hölle kein Feuer mehr
brannte, ein lustiges Leben.

Die Menschen in der Hölle aber standen
furchtbare Qualen aus, und das Schlimmste
daran war, dass man sich
an sie niemals gewöh-
nen konnte.

Und in solch einer Hölle kam der
kleine Teufel Diabolo zur Welt.
Diabolo strahlte bei der Geburt übers
ganze Gesicht und lachte, statt zu weinen,
wie es bei Teufelsbabys die Regel war.

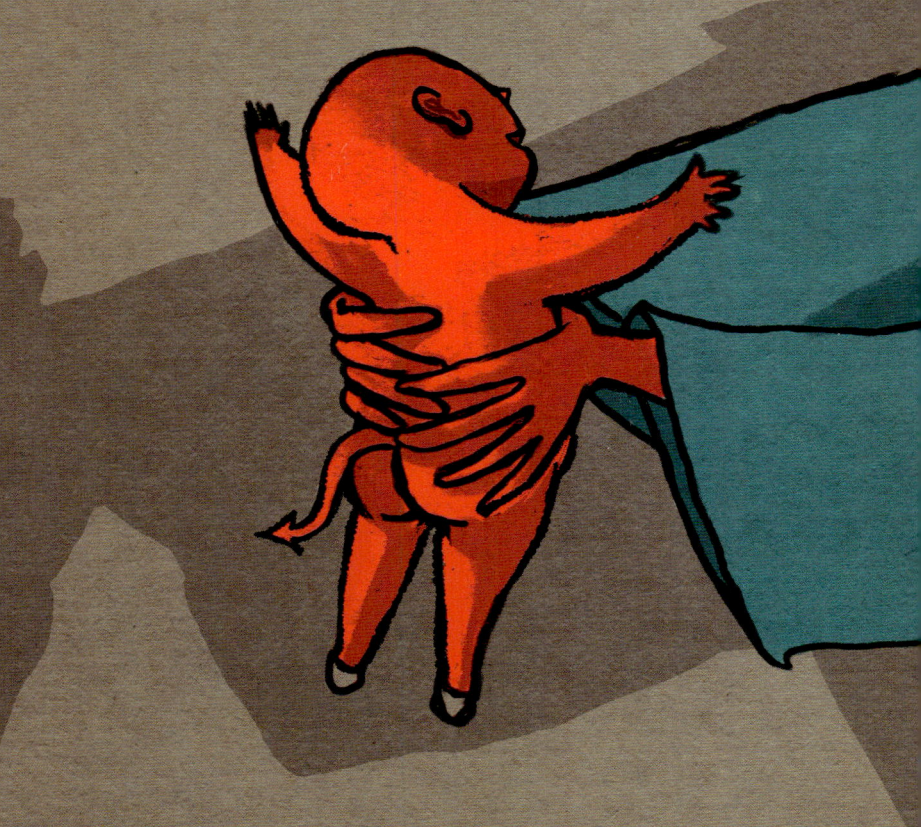

„Das bringt Unglück", flüsterte die Teufels-
hebamme und schüttelte den Kopf. Als Diabolos
Vater Urian das hörte, verdrehte er die Augen,
denn die Hebamme war bekannt für ihren
Aberglauben. Er mochte sie nicht, weil ihm zu
Ohren gekommen war, dass sie immer wieder
schlecht über ihn redete, er sei – obschon einer
der mächtigen Höllenfürsten – nicht selten von
himmlischer Güte. Das war das Schlimmste,
was einem Teufel nachgesagt werden konnte.
Und Urian wusste, dass die Hebamme manch-
mal so giftig sein konnte, dass ein Skorpion
vor Neid Selbstmord begehen könnte.

Überhaupt ging ihm die Geburt seines
Sohnes auf die Nerven, aber man hatte ihm
berichtet, es sei neuerdings Sitte in der Hölle,
dass Männer ihren Frauen bei der Geburt
beistehen müssten. Und er als mächtiger Fürst
müsse den anderen Teufeln ein Vorbild sein.
Urian hasste seit seiner Kindheit alle Vorbilder.
„Bald bekomme ich noch vor lauter vorbildlicher

Frömmigkeit Engelsflügel! Igitt, igitt, dreimal verflucht und siebenmal gespuckt", sagte er und spuckte siebenmal auf den Boden.

Doch als er das Baby in den Arm nahm und Diabolo nannte, fiel ihm nicht nur das Lächeln, sondern auch der glatte Kopf seines Sohnes auf. „Keine Spur von Hörnern", flüsterte er zu sich selbst, aber doch so laut, dass die Hebamme es hörte. Sie warf einen Blick auf das Baby und obwohl sie es beängstigend fand, heuchelte sie Gelassenheit und beschwichtigte die Eltern: „Macht euch keine Gedanken, die Hörner sind wie die Zähne, manche bekommen sie früh und andere spät!"

Doch Diabolo bekam keine Hörner, im ersten Jahr nicht und auch im zweiten nicht. Ja, er wurde sieben Jahre alt und hatte nicht die geringste Spur von Hörnern. Alle Teufel nannten ihn nur noch „den kleinen Teufel oben ohne" und sein Vater schämte sich seinetwegen, denn ohne Hörner hatte Diabolo

keine Chance, ein angesehener Teufel zu werden. Außerdem war er nicht wie die anderen Teufelskinder schlank, sondern klein und sehr dick, fast kugelrund, und in allem, was er tat, äußerst sonderbar. Wenn nämlich alle Kinder der Hölle etwas gemein haben, so sind es Frechheit und Mut. Alle, aber auch wirklich alle Teufelskinder sind zur Freude ihrer Eltern rotzfrech und heldenhaft mutig. Nur Diabolo war schüchtern und ängstlich.

Der Alltag der Teufel ist ganz genau geplant und der Oberteufel achtet höllisch darauf, dass alle Teufel ihrer Arbeit nachgehen. Kein Wunder, dass die Biene in der Hölle als heilig gilt. Erwachsene Teufel müssen die Hälfte ihrer Zeit Menschen quälen und in der anderen Hälfte wie die Bienen abschwirren und auf der Erde Menschen verführen, damit sie Sünden begehen und in die Hölle kommen.

Eines macht die Teufel sogar fleißiger als die Bienen: Die Teufel schlafen nicht. Sie kennen weder Müdigkeit noch Schlaf. Schlaf ist nämlich für Teufel gefährlicher als Gift, denn im Schlaf ist jedes Wesen harmlos – und ein Teufel darf keine Sekunde harmlos sein. Er muss rund um die Uhr quälen oder verführen, und wenn er nur ein einziges Mal einschläft, ist sein Ende als Teufel nahe.

Die Teufelskinder lernen im Kindergarten und in der Schule alle Sprachen der Erde, alle Spiele und alle Sitten der Menschen. Zuerst spielen sie noch die Hälfte der Zeit, ab sieben dürfen sie dann immer weniger spielen und müssen fast nur noch eines lernen: Menschen zu verführen. Sie lernen rechnen und malen, fechten und schwimmen, fliegen und alles, was der Mensch macht, nur über Tiere, Pflanzen und Steine lernen sie nichts, denn außer dem Menschen sündigt kein Wesen in der Natur, und wer nicht sündigen kann, ist für Teufel überflüssig und jede Beschäftigung mit ihm reine Zeitverschwendung.

Diabolo war von klein auf nicht sonderlich tüchtig. Im Gegenteil, er war den ganzen Tag müde und wollte am liebsten überall und immer schlafen. Die anderen Teufelskinder lachten ihn aus. Als die Kindergärtnerin seine Eltern darauf aufmerksam machte, gaben sie ihrem schläfrigen Sohn ein bekanntes teuflisches Kraut gegen Müdigkeit. Diabolo wurde zunehmend munterer, nur gegen seine Zuneigung zu den Menschen war kein Kraut gewachsen. Wenn die Teufel jemanden noch mehr verabscheuen als Engel, so sind das Menschen, und nun mussten Diabolos Eltern zu allem Übel feststellen, dass der kleine Teufel von Menschen fasziniert war. Wenn er die Gepeinigten sah, stiegen ihm Tränen in die Augen. Die anderen Teufelskinder lernen schnell, die Quälerei von Menschen zu genießen, Diabolo dagegen hatte Mitleid mit ihnen. Gegen alle Gesetze der Hölle versuchte er heimlich, einigen von ihnen ein paar Wünsche zu erfüllen. Deswegen war Diabolo bald schon bei den Menschen in der Hölle das bekannteste und beliebteste Teufelskind. Das blieb den vielen Aufsehern natürlich nicht verborgen und sie beschwerten sich bei den Eltern und verscheuchten Diabolo immer mehr.

Ein mit Diabolos Vater befreundeter Richter schlug vor, den weichherzigen Sohn zur Kur zu den Schwerverbrechern zu schicken, um dort die Menschen hassen zu lernen.

Die Schwerverbrecher wurden den ganzen Tag damit traktiert, tugendhafte Tätigkeiten zu verrichten, sanfte Liebeslieder und Kinderverse zu singen, Blümchen und Entchen zu malen, sich jede Stunde einmal zu umarmen und dabei zwölfmal in der Stunde zu sagen: „Ich liebe die Menschen", was sie oft verzweifeln und so heftig weinen ließ, dass sogar die Steine der Hölle Mitleid mit ihnen bekamen.

Diabolo sollte dort eine Woche verbringen, wo normalerweise kein Teufelskind hinkam.

Man sperrte ihn zu den Verbrechern, aber es dauerte nicht lange, da staunten die Wärter erbost darüber, dass die Verbrecher noch lauter und fröhlicher sangen als vorher und Diabolo nicht mehr weggehen lassen wollten. Und eine Woche später, an dem Tag, als die Teufel Diabolo nach Hause bringen wollten, kam es zum Tumult. Mit größter Mühe gelang es den Wärtern Diabolo zu seinen Eltern zurückzubringen.

„Wieder nix!", seufzte der Richter und bekam Mitleid mit Diabolos Eltern, ein Gefühl, dass die Teufel bis dahin kaum kannten.

„Nun bleibt nur noch die höchste Strafe", sagte Diabolos Vater. Alle wussten, was mit der höchsten Strafe gemeint war – „das himmlische Internat".

Vor keiner Strafe hatten die Teufel mehr Angst, als ins Paradies geschickt zu werden. Davor zitterten sogar die erfahrensten Teufel und mieden das Wort „Paradies" wie das

Weihwasser. Wenn sie schon unbedingt darüber reden mussten, nannten sie es „das scheußliche Gefängnis", und jeder wusste Bescheid. Sie malten es: in den schrecklichsten Farben aus. Die jungen Teufel nannten es: „das scheußliche F-Dreieck" – Frömmigkeit, Flügelschlagen und Frohlocken. Und allein die Drohung mit dem „Internat" bewirkte in der Hölle Wunder. Deshalb kam es nur selten zu dieser Strafe.

Es klingt unglaublich, aber es ist wahr:

Ein geheimes Abkommen mit dem Himmel
regelte die Angelegenheit, weil es auch im
Himmel zwar selten, aber doch immer wieder
vorkam, dass ein Heiliger oder ein Engel sün-
digte. Die Drohung, dass derjenige in die Hölle
komme, verhinderte im Himmel oft weitere
Sünden, doch wenn alles nichts half, wurden
die Sünder in die Hölle geschickt. Und da

mehr Heilige sündigten, als Teufel tugendhaft
wurden, war der Preis für die Heiligen dras-
tisch gesunken. Zu der Zeit, als Diabolo kurz
vor seiner Strafe stand, tauschten die Wächter
an der Grenze zwischen Himmel und Hölle
drei sündige Heilige gegen einen tugendhaften
Teufel aus.

„Bevor er aber diese fürchterliche Strafe
auf sich nehmen und für immer ins Internat
verschwinden muss, sollte er vielleicht ein
paar Jahre ohne Begleitung auf die Erde gehen.
Dort wird er bestimmt von seiner Menschen-
liebe befreit, und dann erübrigt sich für ihn
und euch diese Schande", riet der höchste
Richter den Eltern. Er war seit seiner Kindheit
mit Diabolos Vater eng befreundet.

„Dann muss er halt ohne Begleitung auf
die Erde gehen", wiederholte der Vater wie ein
Echo, „vielleicht werden ihm auf der Jagd nach
Menschen, die er zur Sünde verführt, endlich
die Hörner wachsen."

Die Mutter schaute ihren einzigen Sohn blass vor Kummer an.

„Es bleibt uns leider kein anderer Weg, aber was, wenn die Menschen ihn verführen und seine unschuldige Teufelsseele verderben?", fragte die Mutter besorgt.

„Dann kommt er in die Hölle und ist wieder richtig bei uns", beschwichtigte der Vater leise und beschwörend, „aber bis es so weit kommt, ist auch er ein ausgekochter Bursche und kein Heiliger mehr." Urian grinste über das ganze Gesicht.

Die Sorgen der Mutter waren berechtigt, denn es war seit einer Ewigkeit das erste Mal, dass ein Teufelskind mit sieben Jahren zu den Menschen geschickt wurde. Teufelskinder dürfen erst mit zehn die erste Reise antreten, und auch dann nur unter der strengen Obhut eines Meisters, denn vor niemandem sonst fürchten sich die Teufel mehr als vor dem Menschen. Er ist für sie das unberechenbarste und mächtigste Wesen der Erde. Macht über ihn besitzen sie nicht. Allein durch ihre Kunst, den Menschen zu verführen, können die Teufel ihn besiegen und in die Hölle bringen. Erst dort sind sie die absoluten Herrscher.

Deshalb dauert es lange, sehr lange, bis Teufel selbstständig auf Menschen losgehen dürfen. Die Teufelskinder ziehen mit ihren Lehrern über die Erde und üben sich in der Kunst des Verführens. Allerdings verfügen sie über wundersame Fähigkeiten.

Alle Teufel, auch der kleinste, können sich in alles verwandeln, sobald sie es sich wünschen, sie können sich in einen Gedanken, einen Geruch, einen Schmetterling oder sogar in einen Appetit verwandeln. Sie vermögen Dinge zu vergrößern und zu verkleinern, schöner oder hässlicher zu machen. Hauptsache, sie können damit jemanden verführen.

Am leichtesten können Teufel die Gestalt eines Menschen annehmen. Das kann jedes

Teufelskind bereits mit fünf, denn niemand kennt den Menschen so gut wie der Teufel, sein kluger Feind, der ihn seit Jahrtausenden studiert und sich täglich rund um die Uhr in der Hölle und auf der Erde nur mit dem Menschen beschäftigt.

Und es ist kein Wunder, dass die Teufel durch das fleißige Lernen und Ausprobieren, dem sie Tag und Nacht unermüdlich nachgehen, sehr klug und allwissend werden. Sogar die Menschen sagen, wenn man sie etwas fragt und sie keine Antwort wissen: „Weiß der Teufel."

Während sich erwachsene Teufel mit erwachsenen Menschen beschäftigen, stiften die kleinen Teufel, sobald sie es durften, Kinder zu Missetaten an und üben so, wie ein Mensch verführt werden kann, wie man eine Falle stellt und welcher Trick bei welchem Menschen am besten klappt. Die Teufel wussten schon immer, dass alle Menschen verschieden sind, und deshalb kann ein Teufel nicht bei jedem denselben Trick anwenden. Die Teufelskinder müssen nun all das in der Teufelsschule Gelernte in der Praxis, das heißt auf der Erde, behutsam und unter Aufsicht üben. Im Grunde können sie nicht viel falsch machen, denn die Sünden der Kinder werden im Schlaf ausradiert. Das ist ein göttliches Gesetz: Kein Kind kommt wegen einer Sünde in die Hölle. Da aber die Sünden über Nacht ausradiert werden, vergessen die Kinder sie zum Ärger ihrer Eltern sehr schnell. Die Teufelskinder allerdings haben große Freude daran, immer wieder an von Sünden rein gewaschenen Kindern zu üben.

Lange saß Diabolo neben seiner Mutter. Sie schwiegen in der Stille, doch ihre Herzen weinten.

Schweren Herzens verabschiedete sich der kleine Teufel von seinen Eltern und ging durch die sieben Pforten der Hölle.

Als das letzte Tor hinter ihm krachend ins Schloss fiel, wurde er von einem Wirbelsturm erfasst. Diabolo bekam furchtbare Angst und flüsterte: „Mama!" Gleich darauf hörte er ihre Stimme, die ihn beruhigte, dass der Sturm ihn über die Städte und Dörfer der Menschen tragen würde, bis er bestimme, wo er landen wolle. Er solle keine Angst haben und die Reise genießen. Und als er gerade fragen wollte, wo er landen soll, hörte er schon die Stimme seiner Mutter ganz nahe bei ihm: „Da, wo dein Herz eine Anziehung spürt. Das merkst du dann schon."

Diabolo wunderte sich über das, was seine Mutter gesagt hatte, wurde aber ruhiger. Er wusste nicht, dass sie sich in ein Haar neben seinem Ohr verwandelt hatte und von nun an bei ihm bleiben würde, solange sein Vater auf der Erde herumreiste, um Menschen zur Sünde zu verführen. Diabolos Mutter hatte geschworen, sich nicht in seine Angelegen-

heiten einzumischen und ihm nur, wenn er
Angst hatte, Mut zu machen. Und natürlich
wollte sie ihn warnen, wenn er in eine große
Gefahr geraten sollte – aber nur dann.

Lange ließ sich Diabolo von dem Sturm
forttragen. Erst als es Nacht wurde und zu
schneien anfing, spürte er eine große Anziehung. Er schaute sich um und entschied sich
für eine Stadt, in der ein Fenster mit warmer
gelber Farbe seine Neugier weckte. Er ließ
sich ganz von seinem Herzen leiten. Er spürte
etwas wie einen Sog aus einer bestimmten
Gegend, dann aus einer bestimmten Straße,
eine unwiderstehliche Kraft, die mit dem Licht
aus einem Fenster in einem Haus kam. Nach
einem heftigen Windstoß flog das Fenster auf.
Ein Mädchen lag im Bett und las. Sie erschrak,
als die Fensterflügel gegen die Wand schlugen
und der Schnee durchs offene Fenster ins
Zimmer wirbelte. Sie stand auf, schloss das
Fenster und beobachtete für ein paar Sekunden

das Schneetreiben, nicht ahnend, dass Diabolo bereits hinter ihr im Zimmer stand.

Hörte er ein Flüstern oder dachte er laut? „Du musst dich in irgendetwas verwandeln, in eine Blume, eine Katze oder auch in einen Stuhl. Am besten in einen schönen Jüngling." Die Stimme erinnerte ihn an seine Mutter. „Nein, ich will nur ich selbst sein", sagte er und wurde nun sichtbar. Das Mädchen drehte sich um und bekam einen Riesenschreck.

„Keine Angst. Ich tu dir nichts und will nur für dich sichtbar sein."

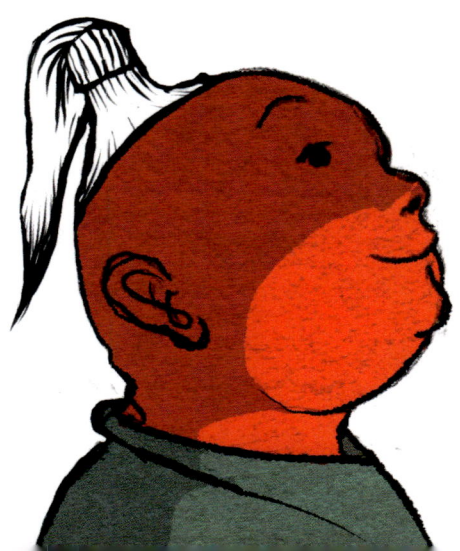

Atemlos schaute das Mädchen das dick-
liche Wesen an, das zudem mit einem langen
Kleid merkwürdig angezogen war. Trotz ihres
Schrecks musste sie lachen, weil er so rund-
lich und tatsächlich komisch aussah. „Wer bist
du?"

„Ich bin Dia...Diabo...Diabolo, ein ... ein ...
kleiner gefallener Engel."

„Ein Engel!", jauchzte
das Mädchen.

Diabolo war das unangenehm, aber seine Mutter war dafür stolz auf ihn und dachte: „Teufelchen, Teufelchen, du machst Fortschritte, erst ein paar Minuten auf der Erde und schon so geschmeidig."

„Aber woher bist du denn gefallen?", fragte das Mädchen.

„Aus der Hölle. Das heißt, so richtig gefallen bin ich nicht. Ich bin bestraft worden."

„Bestraft?", wunderte sich das Mädchen. „Hast du etwas Böses gemacht?"

„Nein, etwas Gutes, aber da, wo ich herkomme, wird man für die guten Taten bestraft."

„Komisch, und wofür wird man dann belohnt und gelobt?"

„Wenn man bösartig ist, hämisch, giftig, lieblos, falsch, geizig, neidisch, gnadenlos, hinterhältig, verleumderisch ..."

„Das ist ja die Hölle", sagte das Mädchen. Diabolo nickte und wurde rot.

„Dann bist du der Teufel", fügte das Mädchen atemlos hinzu.

„Nicht der Teufel, sondern einer von Millionen, und ich bin gerade auf die Erde gekommen, weil ich bestraft wurde", antwortete Diabolo, und wenn er die Augen seiner Mutter hätte sehen können, hätte er gemerkt, dass sie mit seiner plumpen Art äußerst unzufrieden war.

„Wirklich? So klein und schon bestraft? Warum?", fragte das Mädchen. Sie verriet ihm aber nicht, dass sie immer Mitleid mit bestraften Kindern hatte.

„Ich wurde bestraft, weil ich nicht böse genug war. Ich soll hier Menschen verderben, denn das ist gut zur Rettung meiner Seele, hat mein Vater gesagt. Sonst komm ich ins himmlische Internat."

„Himmlisches Internat!", rief das Mädchen. Von diesem Internat hatte sie noch nie gehört. Aber sie hatte bereits beschlossen, ihn vorm ‚Internat' zu retten… ohne zu wissen wie!

„Mit wem sprichst du da, Mara?", hörte Diabolo eine Stimme, auf die Schritte folgten. Diabolo stand mit dem Rücken zur Tür. Das Mädchen sprang ins Bett. „Mit niemandem, ich rede nur so mit mir."

Die Tür wurde aufgerissen und Diabolo kullerte durch den Stoß unter das Bett. Die Frau schaute von der Türschwelle ins Zimmer.

„Etwas frische Luft wird dir guttun", sagte die Mutter und riss das Fenster auf, nicht ahnend, dass Diabolo– für sie unsichtbar – blitzschnell an ihr vorbeiflog. Die Mutter war angeekelt von dem Geruch, der nun von draußen kam. „Ihh!", sagte sie entsetzt. „Die verbrennen schon wieder irgendwas in der Fabrik drüben. Der Teufel soll sie holen!", schimpfte sie und schloss das Fenster, gerade als Diabolo unter ihrem Arm zurück ins Zimmer schlüpfte. Und die Drei lachten leise über die Aufregung der Mutter: Mara, Diabolo und seine Mutter.

„Nun schlaf, morgen musst du wieder in die Schule", verabschiedete sich die Mutter und ging hinaus. Diabolo kroch zu Mara ins Bett und machte sich ganz klein unter der Decke. Da es dunkel war, ließ er seine Hände leuchten, und Mara betrachtete das kleine Wesen, das kugelrund auf ihrem Bauch saß, ein unendlich gütiges Gesicht hatte und leise von seinem Leben erzählte, so dass nur sie es hören konnte. Doch irgendwann wurde Mara müde. „Ich mag dich", sagte sie und schlief ein. Nun war Diabolos Mutter beruhigt.

Diabolo langweilte sich jetzt, aber als Mara anfing zu träumen, wurde er neugierig. Er schlich in sie hinein und setzte sich in ihren Traumsaal. Das hatte er gelernt, aber noch nie selbst probiert. Alles war so, wie er es gelernt hatte. Sein Herz klopfte vor Aufregung, als er sich den Film, den Mara gerade träumte, anschaute und freute sich, in ihrem Traum zu erscheinen. Er war aber in ihrem Film viel

schlanker und schöner und sein Gesicht fast engelhaft. Und immer wieder kurvte Mara auf Rollschuhen durch die Gegend und stopfte dabei Unmengen von Weintrauben in sich hinein. Diabolo musste lachen, als sie mit einem Affenzahn in einen Berg aus Trauben sauste und sie jauchzend verschlang.

In der Pause zwischen zwei Träumen schlüpfte er aus ihr hinaus und schwebte durchs ganze Haus. Auch nach draußen schwebte er, spielte unter der Laterne mit dem pulvrigen Schnee und machte verschiedene Spuren, die jedoch schnell wieder zugeschneit waren.

Als Mara aufwachte, lag Diabolo neben ihr. Er war nun fast so groß wie sie. Sie rieb sich die Augen. „Also hab ich dich nicht nur geträumt", sagte sie.

„Nein, und du hast von Trauben und Rollschuhen geträumt. Magst du Trauben?"

„Ja, die esse ich am liebsten", antwortete Mara.

„Und willst du jetzt welche haben?"

„Jetzt? Mitten im Winter?"

„Ja, schau", sagte

Diabolo und bewegte seine Hand wie auf einer unsichtbaren Kugel. Plötzlich fielen kleine glitzernde Sterne aus seiner Handfläche und sammelten sich, und als er die Hand wegzog, lagen Trauben auf einem Teller.

„Und woher hast du das gewusst?", fragte Mara und stopfte sich eine Weinbeere in den Mund. Sie schmeckte höllisch gut.

„Das ist für Teufel keine große Kunst. Das kann jeder mit zweieinhalb", erwiderte Diabolo bescheiden.

„Und wie alt bist du?", fragte Mara.

„Sieben. Ich bin ein Kind, aber ein Teufelsjahr ist siebenhundertsiebenundsiebzig Menschenjahre. Das macht fünftausendvierhundertneunundreißig Jahre."

„Mann, kannst du aber gut rechnen", rief Mara und pfiff durch die Zähne.

„Nichts leichter als das. Fast ein Jahr meines Lebens hab ich mit Mathematik zugebracht. Ein Teufel muss gut rechnen können."

„Könnte ich auch, wenn man mir siebenhundert Jahre Zeit gibt", antwortete Mara lachend. „Und wer kann dich außer mir noch sehen?"

„Niemand, und wenn ich will, kannst auch du mich nicht sehen", antwortete er und verschwand augenblicklich, als er durch die Wand sah, dass sich ihre Mutter der Tür näherte.

„Hey, wo bist du? Warum bist du verschwunden?", fragte Mara und hörte sein leises Geflüster im Ohr: „Nicht so laut, deine Mutter kommt gleich rein."

„Guten Morgen, mit wem hast du gerade gesprochen?", fragte Maras Mutter.

„Mit niemandem, ich hab mir einen Film erzählt, den ich vor kurzem gesehen habe."

„Beeil dich. Es ist bereits nach sieben",
sagte die Mutter und ging hinaus. Im Korridor
blieb sie jedoch einen Augenblick stehen,
schüttelte den Kopf und ging weiter. Diabolo
kicherte und wurde wieder sichtbar.

„Du kannst durch Wände sehen?", fragte
Mara.

„Es sind nur für euch Wände, aber da ich
aus einer anderen Materie bin, bestehen
Wände für mich nicht. Natürlich sehe ich sie,
aber ich kann durch sie hindurchsehen und
sogar hindurchgehen."

Als die Mutter zurückkam, hatte sie ein
Thermometer in der Hand. Sie steckte es Mara
in den Mund und beobachtete am Fenster
das Schneegestöber. Diabolo schlüpfte in
Maras Mund und erwärmte das Thermometer
zusätzlich. Die Quecksilbersäule stieg. „Lass
den Unsinn. Das bringt die arme Mutter ganz
durcheinander", hörte er die Stimme seiner
Mutter und schämte sich. Er wusste aber nicht,

wie sie bei ihm sein konnte, ohne dass er sie sehen konnte. Das ist nämlich für junge Teufel unmöglich. Erst wenn sie zwanzig Jahre alt sind, werden sie in die Kunst eingeweiht, jüngere Teufel unerkannt zu beobachten. Diabolo schlüpfte aus Maras Mund und schon bald zeigte das Thermometer die richtige Temperatur. Ihre Mutter am Fenster ahnte nicht, dass die merkwürdigen Schneewirbel um die Laterne von Diabolos Mutter eigens dazu gemacht wurden, um sie abzulenken.

„Alles in Ordnung", sagte Maras Mutter dann, als sie das Thermometer kontrollierte. „Komm, mein Schatz. Frühstück ist fertig."

Mara hüpfte die Treppe hinunter und Diabolo schwebte über ihrer Schulter.

Bald darauf waren Diabolo und Mara auf dem Weg in die Schule. Diabolos Mutter löste sich nach ein paar Schritten aus seinem Haar, um etwas anderes zu machen, überlegte es sich aber, schwebte zurück, überholte die beiden und setzte sich lange vor ihnen in Maras Klasse.

„Du musst aber ruhig sein", sagte Mara unterwegs zu Diabolo.

„Und warum?", fragte der kleine Teufel verwundert.

„Weil der Lehrer sonst sauer wird", erwiderte Mara.

„Kann er, wenn er sauer schmeckt, euch dann nicht zum Lernen verführen?", fragte Diabolo.

„Der Lehrer verführt uns nicht. Er unterrichtet uns."

„Ach so, bei uns werden wir zu allem verführt, damit wir später große Verführer werden. Werdet ihr zu großen Unterrichtern?"

„Nein, das nicht. Ich will Malerin werden und ganz große bunte Bilder malen", schwärmte Mara.

Ein Klassenkamerad mit roten Haaren, der hinter Mara herging, wunderte sich, dass sie mit sich selbst sprach und lachte.

Diabolo schubste Mara, so aus Spaß, aber sie stolperte und beinahe wäre sie hingefallen.

„Mara", rief der Junge, „was hast du?"

Mara erschrak und wurde rot.

„Jetzt ist aber Schluss", sagte sie wütend zu Diabolo und verwirrte den Jungen noch mehr. Er zuckte zusammen, weil er dachte, sie schimpfe mit ihm. Er war ein schüchterner Junge, der Anfang des Jahres in die Klasse gekommen war, rechts neben Mara saß und sie anhimmelte.

Sie mochte ihn aber nicht sonderlich.

Diabolo hatte keine Gewissensbisse wegen seiner Missetat, denn Teufel verfügen über vieles, aber über kein Gewissen. Er spürte aber, dass Mara zornig auf ihn war. Er schlüpfte in ihren Kopf, radierte die Erinnerung an seine Missetat weg und kam blitzschnell wieder heraus. Mara lächelte ihn an, als ob nichts passiert wäre.

„Setz dich nach hinten. Dort ist noch frei", flüsterte Mara in der Klasse Diabolo zu.

Diabolo gehorchte und wunderte sich über die Ruhe, die dann herrschte, als der Lehrer das Klassenzimmer betrat.

Die Klasse musste ein Diktat schreiben. Und da Diabolo auch Maras Angst davor spürte, schwebte er zum Lehrer, prägte sich den Text ein, machte sich auch für Mara unsichtbar und schwebte zu ihr. Sie schaute sich Hilfe suchend um und flüsterte verzweifelt: „Er ist verschwunden."

„Wer?", flüsterte der rothaarige Junge neben ihr.

„Ach ... niemand", erwiderte Mara.

„Hab keine Angst. Ich bin bei dir. Zeig mir ein paar Seiten mit deiner Handschrift und lass deine Hand locker. Ich führ sie dir", flüsterte Diabolo. Mara lachte erleichtert auf und blätterte mehrmals in ihrem Heft. Sie verwirrte den Jungen mit den roten Haaren.

Diabolo prägte sich Maras Handschrift ein.

Als der Lehrer anfing, den Text vorzulesen, glitt Maras Hand leicht über das Papier als wäre sie eine Schwalbe. Diabolo ließ sie schreiben wie immer, nur dass die Worte fehlerfrei waren. Mara wunderte sich, dass „Kirchentor" ohne „s" und „Pfarrer" mit drei „r" geschrieben wurde, aber sie verließ sich voll auf Diabolo. Der Lehrer, der nun auf und ab ging, schaute Mara über die Schulter, da er ihre Schwächen im Diktat kannte und Mitleid mit ihr hatte. Eine Woche lang war sie wegen einer schlimmen Grippe zu Hause geblieben, und nun musste sie gleich am ersten Tag unvorbereitet ein Diktat schreiben! Doch als er einen Blick auf ihr Heft warf, stockte ihm fast der Atem. Nicht nur wegen der Fehlerlosigkeit der bereits geschriebenen Zeilen, sondern auch wegen der Eleganz, mit der die Hand ohne jegliches Zögern die Worte hinschrieb.

„Alle Achtung, Mara", rief der Lehrer begeistert, „du hast aber in der Woche ganz schön aufgeholt." Und Mara war Diabolo so dankbar wie sonst niemandem, und da sie ihn nicht sehen konnte, wollte sie seine unsichtbare Hand streicheln.

„Hey, du musst mir nicht ins Auge fassen", hörte sie seine Stimme.

„Entschuldigung, ich wollte dich nur streicheln", flüsterte sie.

„Streicheln", wunderte sich der rothaarige Junge neben ihr.

„Diabolo, Diabolo", hörte der kleine Teufel die bedauernde Stimme seiner Mutter.

„Mutter, wo bist du?", fragte er leise.

„In deiner Nähe, aber du kannst mich nicht sehen. Was tust du da? Du hilfst einem Menschen? Bist du etwa ein Schutzengel? Igitt, igitt, dreimal verflucht und siebenmal gespuckt", sagte die Mutter.

„Ich ... ich bin kein Engel, aber ich verführe Mara", erwiderte er, als er plötzlich ihre flehende Stimme hörte: „Wie geht es weiter? Führ mir die Hand."

„Ich soll dir die Hand führen?", fragte ihr Nachbar und wurde knallrot.

„Du doch nicht", erwiderte Mara.

Schnell holte Diabolo die Worte des Lehrers auf, und dann war das Diktat zu Ende.

Und während der Lehrer die Hefte einsammelte, setzte sich Diabolo wieder hinten auf seinen Platz.

„Diabolo, Diabolo, du hast dich in sie
verguckt, Teufel noch mal", ermahnte ihn
seine Mutter, „und das ist das Allergefährlich-
ste, was einem Teufel passieren kann", fügte
sie besorgt hinzu.

„Mutter, wo bist du?", rief Diabolo.

„Es ist unwichtig, wo ich bin, doch ich sehe
dein Herz, und Mara nimmt von Atemzug zu
Atemzug einen immer größeren Platz in ihm
ein. Du musst kehrtmachen und dich anderen
Orten und anderen Menschen zuwenden.
Mara kann dir noch sehr gefährlich werden."

„Warum?"

„Weil wir Teufel das Gefühl nicht haben
dürfen, das Mara bei dir erzeugt", antwortete
seine Mutter.

„Was für ein Gefühl?", fragte der kleine
Teufel.

„Die Menschen nennen es Liebe. Es ist eine
Mischung aus einem Zittern der Hände, einem
Flattern des Herzens und einem flauen Gefühl

im Magen. Es ist nichts Gutes und macht einen krank, und deshalb kann ein Teufel, der von dieser Krankheit befallen wird, nicht mehr in die Hölle zurück, weil er im Augenblick der Verliebtheit die Zauberformeln für die sieben Höllentore vergisst! Komm mit mir, dann zeig ich dir die armseligen Gestalten, die wie Bettler vor dem Hölleneingang hocken und um Gnade winseln. Aber die Wächter der Hölle lassen keine Gnade walten. Jeden Tag wird die Hölle, ihre Eingänge, Tore und Mauern, gründlich gegen die Liebe desinfiziert, denn nichts auf der Welt lässt die Teufel falscher handeln als die Liebe. Oh Luzifer, schütze meine Seele vor ihrem Gift."

„Und was passiert, wenn ein Teufel liebt und nicht um Gnade bittet? Ich meine, nur so als Frage", versuchte Diabolo seine Mutter zu beruhigen.

„Oje, sobald sie das in der Hölle erfahren, und sie erfahren es innerhalb kürzester Zeit,

folgt die Strafe auf dem Fuß." Die Stimme
der Mutter war nun besonders leise und
kummervoll.

„Was für eine Strafe?"

„Der sündige Teufel wird vermenschlicht."

„Vermenschlicht?", wiederholte Diabolo
verwundert.

„Ja, furchtbar, nicht wahr? Der arme Teufel
wird verurteilt, sein Leben nun als gewöhnli-
cher Mensch zu fristen, der Hunger und Durst
leidet, Kälte und Hitze fürchtet, und das Aller-
schlimmste ist: Er wird nicht mehr ewig leben,
sondern er altert und stirbt, und womöglich
muss er danach auch noch ins himmlische
Internat gehen. Das alles wegen dieses gräss-
lichen Gefühls, das wir Teufel, Luzifer sei
Dank, nicht kennen."

„Aber mach dir keine Sorgen, ich liebe
Mara ja nicht, ich finde sie nur sympathisch."

„Das ist ja bereits die Falle", rief die Mutter
entsetzt. „Sympathie ist die erste Stufe zu

dieser – dreimal verflucht und siebenmal gespuckt – Krankheit namens Liebe. Dann fängst du auch noch an, sie zu vermissen, und schon bist du bis zu den Hörn... Ohren verknallt, weißt es aber selber noch nicht. Komm mit, mein Kleiner, ich zeig dir was Interessantes. Hast du schon von den unterirdischen Gängen in einer Goldmine gehört? Von der Schönheit der tiefen Meere? Komm, ich zeig dir alles."

„Nein, Mutter", erwiderte Diabolo, „ich will bei Mara bleiben." Er vermisste sie schon jetzt, wo er nicht mehr mit ihr redete.

Seine Mutter beeilte sich, in die Hölle zu kommen. Vielleicht würde sie dort für ihn ein gutes Wort einlegen können, bevor es zu spät war.

Diabolo schwebte zu Mara und küsste sie am rechten Ohrläppchen. „Nicht jetzt", flüsterte sie und lachte, „zu Hause können wir gerne schmusen."

„Wie? Willst du wirklich?", fragte der Junge mit den roten Haaren.

„Ach, doch nicht mit dir", erwiderte Mara gereizt.

Es wäre wohl besser für Mara, dachte Diabolo, wenn ich sie nun in Ruhe lasse und einen Rundflug mache, bis die Schule aus ist.

Er schwebte zu ihrem Ohr und flüsterte: „Ich lass dich jetzt in Ruhe. Wir treffen uns nach der Schule bei dir", verabschiedete sich Diabolo und flog hinaus.

Draußen fühlte er sich so glücklich wie noch nie, doch bald spürte er die Kälte. Er wunderte sich über das Gefühl, das er nicht kannte. Eigentlich hatte er die Umgebung der Stadt erkunden wollen, doch nun änderte er die Flugrichtung und steuerte auf Maras Haus zu.

Kurz vor dem Haus verlor er plötzlich an Höhe und fiel wie ein Stein in die Tiefe.

Furchtbare Angst überkam ihn: „Mama",
rief er verzweifelt.

Gleich darauf lag er in ihrem Arm, denn seine Stimme hatte sie in der Hölle erreicht.

Blitzschnell war sie auf die Erde geflogen und fing ihren Sohn auf, bevor er auch nur ein paar Meter gefallen war.

„Ich friere", sagte er und sah in das teuflisch schöne, aber bekümmerte Gesicht seiner Mutter.

„Das ist der Beweis, dass du Mara liebst, und deshalb waren die Richter auch nicht zu überreden. Selbst bei dir, mein Sohn, können sie sich nicht erlauben, die Liebe gutzuheißen, und nun wirst du ein Mensch und den beschwerlichen Weg aller Nachfahren Adams gehen. Schade, ich hätte mir dich schon als pfiffigen Teufelsfürsten auf dem Thron deines Vaters vorstellen können."

„Ich werde gern bei Mara sein. Sie ist meine glücklichste Hölle, kannst du mir helfen?"

Die Mutter lachte. „Nun bist du ein Kunde von mir und kein Kollege mehr. Natürlich kann ich dir jeden Wunsch erfüllen, aber dann stehst du mit mir im Bunde, willst du das?", fragte sie.

„Klar, und am Ende lande ich dann bei dir in der Hölle."

„Ja, wenn das so ist", sagte seine Mutter, „dann überlass es mir. Ich erledige für dich alles teuflisch perfekt. Du wirst eine meiner vielen tüchtigen Mitarbeiterinnen als irdische Mutter bekommen, bis du ein großer und selbstständiger Mann bist. Erst dann wird sie verschwinden. Sie sieht aus wie ich. Nur hier unter dem Kinn hat sie eine kleine Tätowierung in Form eines Sterns. Du wirst so alt sein wie Mara und so aussehen, wie du es wünschst."

„Ich will so sein, wie mich Mara im Traum gesehen hat, denn so erkennt sie mich wieder", antwortete Diabolo.

„Gut, nun aber zu deiner Geschichte, die du immer im Gedächtnis behalten musst: Dein Vater ist angeblich kurz nach deiner Geburt gestorben und deine Mutter hat viel geerbt, deshalb muss sie nicht arbeiten. Du wirst in der Nähe von Mara leben und in dieselbe Klasse gehen wie sie. Deine Mama heißt Luna, weil sie in den Vollmond verliebt ist. Das dürfen Teufel."

„Und du Mama?" fragte Diabolo besorgt.

„Ich werde dich immer wieder besuchen, aber ich habe viel zu tun, wie du weißt, und deine irdische Mutter mag dich und bewundert dich sehr. Kein Mensch aber, außer Mara, darf von deiner Geschichte etwas wissen. Einverstanden?"

„Einverstanden, Mama", antwortete der kleine Teufel, der nun keiner mehr war.

Was Diabolo noch alles mit Mara erlebte, und wie sie ihm eine Menge beibringen musste, um dann gemeinsam viele Abenteuer zu bestehen, ist eine witzige und spannende Geschichte. Aber leider ist sie zu lang, um jetzt am Ende erzählt zu werden. Doch wie sie einmal Gott zum Lachen brachten, werde ich euch sicher irgendwann erzählen.

© Root Leeb

Rafik Schami, geboren 1946 in Damaskus, promovierter Chemiker, ist einer der bedeutendsten deutsch-sprachigen Autoren. Seine Erzählkunst begeistert ein großes Publikum, sein Werk ist in 34 Sprachen erschienen.
In der edition chrismon erschien bisher von ihm „Wie sehe ich aus, fragte Gott" *(2011), „Die Geburt" (2021).*

© Rita Eggstein

Mehrdad Zaeri kam 1970 in Isfahan im Iran auf die Welt. Als 14-Jähriger wanderte er mit seiner Familie erst in die Türkei und dann nach Deutschland aus. Nach dem Abitur beschloss er, Künstler zu werden. In den ersten Jahren war es schwer. Später wurde es schön. Mehrdad Zaeri lebt und arbeitet gemeinsam mit seiner Lebenspartnerin Christina Laube als „Duo Sourati" in Mannheim.

Bibliografische Information der Deutschen Nationalbibliothek:
Die Deutsche Nationalbibliothek verzeichnet diese Publikation
in der Deutschen Nationalbibliografie; detaillierte bibliografische
Daten sind im Internet über http://dnb.d-nb.de abrufbar.

Gesamtgestaltung: Ellina Hartlaub, GEP gGmbh, Frankfurt am
Main

Druck und Bindung: GRASPO CZ, a.s., Zlín

ISBN 978-3-96038-398-7

www.eva-leipzig.de